Meu DICIONÁRIO BILÍNGUE
PORTUGUÊS-INGLÊS

Sun
sol

airplane
avião

lion
leão

Oi
Hello

Texto de Catherine Bruzzone e Vicky Barker
Ilustrações de Vicky Barner

GIRASSOL

Useful words – Palavras úteis

spring
primavera

winter
inverno

summer
verão

autumn
outono

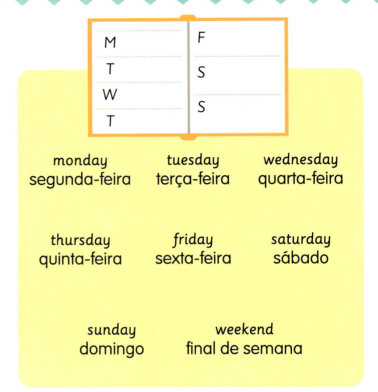

monday
segunda-feira

tuesday
terça-feira

wednesday
quarta-feira

thursday
quinta-feira

friday
sexta-feira

saturday
sábado

sunday
domingo

weekend
final de semana

january
janeiro

february
fevereiro

march
março

april
abril

may
maio

june
junho

july
julho

august
agosto

september
setembro

october
outubro

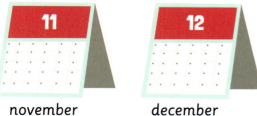

november
novembro

december
dezembro

day
dia

night
noite

Content – Sumário

na fazenda	4 – 5	on the farm	arrumando a mesa	17	setting the table
veículos	6 – 7	transport	hora da brincar	18 – 19	creative play
no zoológico	8 – 9	at the zoo	roupas	20 – 21	clothes
na praia	10 – 11	at the beach	família	22 – 23	family
números	12	numbers	parque	24	park
cores	13	colours	clima	25	weather
sua cabeça	14 – 15	your head	supermercado	26 – 27	supermarket
hora do banho	16	bath time	na feira	28 – 29	at the market
			vocabulário	30 – 32	word list

Os adesivos para completar as cenas estão no meio deste livro!

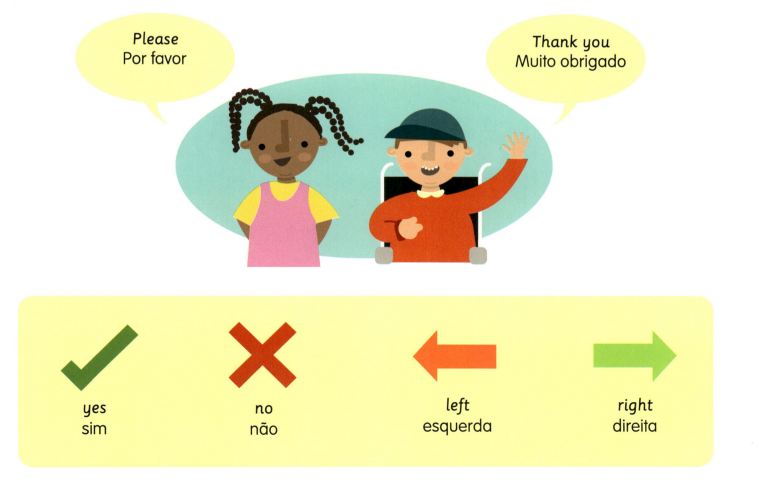

Veículos

iate

train
trem

carro de polícia

fire truck
caminhão de bombeiro

caminhão

car
carro

Encontrou todos os adesivos?

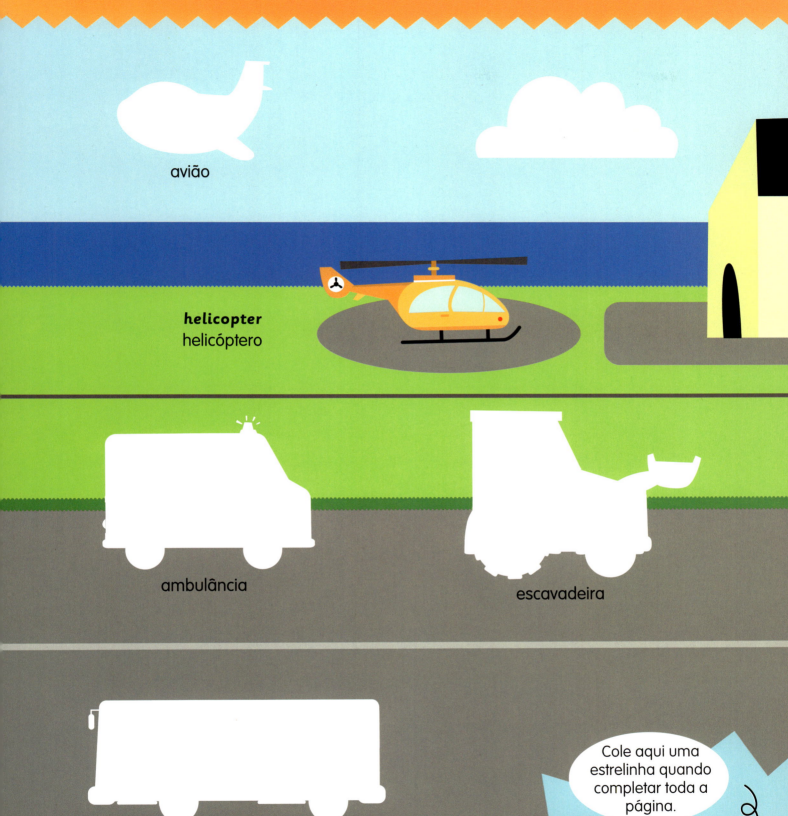

No zoológico

leão

hippopotamus
hipopótamo

elephant
elefante

crocodilo

Qual é o seu animal favorito?

8

Na praia

veleiro

sea
mar

surfer
surfista

caranguejo

Você consegue andar igual a um caranguejo?

gaivota

10

Números   Numbers

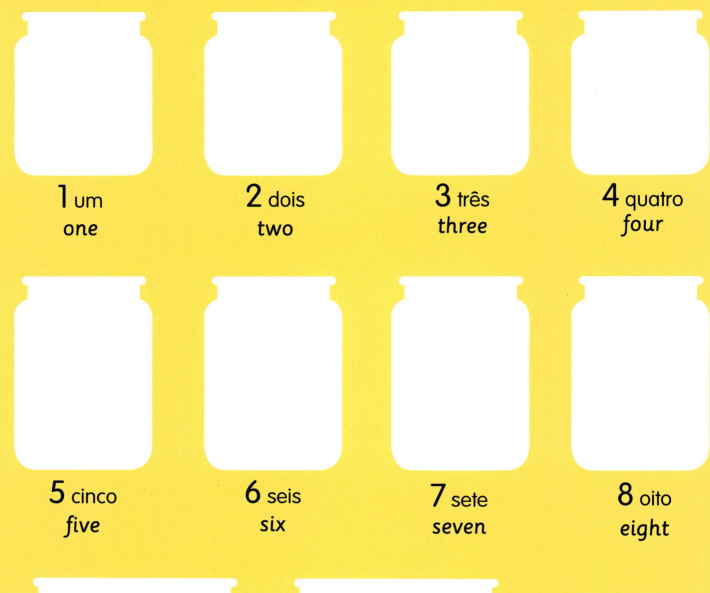

1 um
one

2 dois
two

3 três
three

4 quatro
four

5 cinco
five

6 seis
six

7 sete
seven

8 oito
eight

9 nove
nine

10 dez
ten

Coloque dentro de cada jarra o número correto de botões.

Your head

Hora do banho

Bath time

shower
chuveiro

toilet
vaso sanitário

toalha

sink
pia

sabonete

xampu

rubber duck
patinho de borracha

escova de cabelo

esponja

bathtub
banheira

toothpaste
pasta de dente

escova de dente

16

Hora de brincar

Time to play

relógio · ursinho · boneca · bola · **table** quadro para desenho · blocos · dinossauro

Cole aqui uma estrelinha quando completar toda a página.

Clothes

saia

vestido

suéter

camisa

calças

cardigan
cardigan

camiseta

shorts
shorts

tênis

Cole aqui uma estrelinha quando completar toda a página.

Família

Clima   Weather

ensolarado

nublado

rainbow
arco-íris

tempestade

nevando

boneco de neve

chuvoso

ventania

Cole aqui uma estrelinha quando completar toda a página.

25

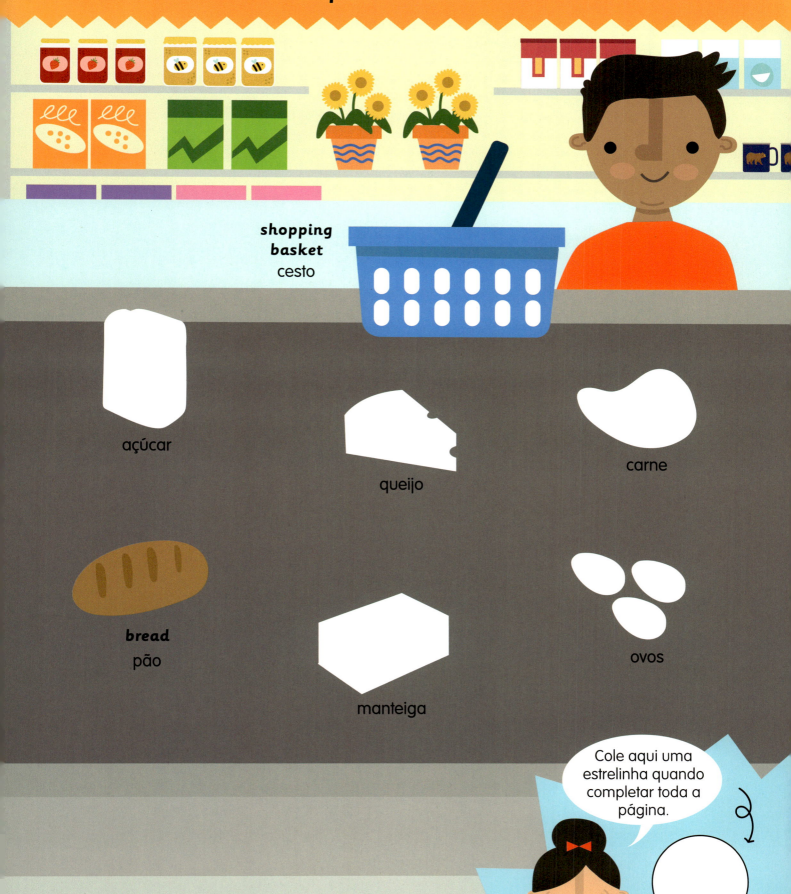

Feira

pineapple
abacaxi

bananas

apples
maçãs

laranjas

pêssegos

grapes
uvas

lemons
limões

melancia

Qual é a sua fruta ou legume favorito?

strawberry
morango

mirtilos

raspberries
framboesas

28

Market

tomatoes
tomates

batatas

repolho

milho

broccoli
brócolis

pimentões

carrots
cenouras

ervilhas

Cole aqui uma estrelinha quando completar toda a página.

29

Vocabulário - Vocabulaire

Inglês – Português

airplane avião
ambulance ambulância
apples maçãs
april abril
august agosto
aunt tia
autumn outono
ball bola
bananas bananas
bath time hora do banho
bathtub banheira
beach praia
beach chair cadeira de praia
beach umbrella guarda-sol
bicycle bicicleta
black preto
blocks blocos
blue azul
blueberries mirtilos
bookshelf prateleira de livros
boots botas
bowl vasilha
bread pão
broccoli brócolis
brother irmão
brown marrom
bucket balde
bus ônibus
butter manteiga
cabbage repolho
cap boné
car carro
cardigan cardigan
carrier bag sacola de mercado
carrots cenouras
cat gato
chair cadeira
cheek bochecha
cheese queijo
chin queixo
clock relógio
clothes roupas
cloudy nublado
coat casaco
colouring pencils lápis de cor
content sumário
cores colours
corn milho

cousin primo/prima
cow vaca
crab caranguejo
crocodile crocodilo
day dia
december dezembro
digger escavadeira
dinosaur dinossauro
dog cão
doll boneca
dress vestido
duck pato
ear orelha
eggs ovos
eight oito
elephant elefante
eye olho
family família
farm fazenda
father/dad pai/papai
february fevereiro
fire truck caminhão de bombeiro
fish peixe
five cinco
flowers flores
fork garfo
four quatro
friday sexta-feira
giraffe girafa
glass copo
goat cabra
granddaughter neta
grandfather avô
grandmother avó
grandson neto
grapes uvas
green verde
hair cabelo
hairbrush escova de cabelo
hand mão
head cabeça
helicopter helicóptero
hello oi
hen galinha
hippopotamus hipopótamo
horse cavalo
january janeiro
juice suco
july julho
june junho

knife faca
lake lagoa
left esquerda
lemons limões
lion leão
march março
market feira
may maio
meat carne
milk leite
monday segunda-feira
monkey macaco
mother/mom mãe/mamãe
mouth boca
neck pescoço
night noite
nine nove
no não
nose nariz
november novembro
numbers números
october outubro
oncle tio/tia
one um
orange laranja
oranges laranjas
pants calças
papers papeis
park parque
peaches pêssegos
peas ervilhas
peppers pimentões
pig porco
pineapple abacaxi
pink rosa
plate prato
please por favor
polar bear urso polar
police car carro de polícia
potatoes batatas
purple roxo
pajamas pijama
rainny chuvoso
rainbow arco-íris
raspberries framboesas
red vermelho
rice arroz
right direita
rooster galo
rubber duck patinho de borracha

rug tapete
sailing boat veleiro
sand areia
sandcastle castelo de areia
sandbox tanque de areia
saturday sábado
scissors tesoura
seagull gaivota
sear mar
september setembro
setting the table arrumando a mesa
seven sete
shampoo xampu
sheep carneiro
shell concha
shopping basket cesto
shorts shorts
shower chuveiro
sink pia
sister irmã
six seis
skirt saia
slide escorregador
sandals sandália
snowy nevando
snowman boneco de neve
soap sabonete
socks meias
sponge esponja
spoon colher
spring primavera
starfish estrela-do-mar
stormy tempestade
strawberry morango
sugar açúcar
summer verão
sunny ensolarado
sunday domingo
supermarket supermercado
surfer surfista
sweater suéter
swing balanço
t-shirt camiseta
table quadro para desenhos
ten dez
tennis shoes tênis
thank you obrigado
three três
thursday quinta-feira
tiger tigre
time to play hora de brincar
toilet vaso sanitário
tomatoes tomates
tongue língua
tooth dente

toothbrush escova de dente
toothpaste pasta de dente
towel toalha
train trem
transport veículos
tree árvore
truck caminhão
tuesday terça-feira
two dois
teddy bear ursinho
useful útil
watermelon melancia
wednesday quarta-feira
weekend final de semana
wheather clima
white branco
windy ventania
window janela
winter inverno
words palavras
wrist punho
yacht iate
yellow amarelo
yes sim
zebra zebra
zoo zoológico

Português – inglês

abacaxi pineapple
abril april
açúcar sugar
agosto august
amarelo yellow
ambulância ambulance
arco-íris rainbow
areia sand
arroz rice
arrumando a mesa setting the table
árvore tree
avião airplane
avô grandfather
avó grandmother
azul blue
balanço swing
balde bucket
bananas bananas
banheira bathtub
batatas potatoes
bicicleta bicycle
blocos blocks
boca mouth
bochecha cheek

bola ball
boné cap
boneca doll
boneco de neve snowman
botas boots
branco white
brócolis broccoli
cabeça head
cabelo hair
cabra goat
cadeira chair
cadeira de praia beach chair
calças pants
caminhão de bombeiro fire truck
caminhão truck
camiseta t-shirt
cão dog
caranguejo crab
carne meat
carro car
carro de polícia police car
casaco coat
castelo de praia sandcastle
cavalo horse
cenouras carrots
cesto shopping basket
chuvoso rainny
cinco five
clima wheather
colher spoon
colours cores
copo glass
crocodilo crocodile
dente tooth
dez tem
dezembro december
dia day
dinossauro dinosaur
direita right
dois two
domingo sunday
elefante elephant
ervilhas peas
escavadeira digger
escorregador slide
escova de cabelo hairbrush
escova de dente toothbrush
esponja sponge
esquerda left
estrela-do-mar starfish
faca knife
família family
fazenda farm
feira market
fevereiro february

31

final de semana **weekend**	nublado **cloudy**	shampoo **xampu**
flores **flowers**	obrigado **thank you**	sheep **carneiro**
framboesas **raspberries**	oi **hello**	shell **concha**
gaivota **seagull**	oito **eight**	shorts **shorts**
galinha **hen**	olho **eye**	shower **chuveiro**
galo **rooster**	ônibus **bus**	sim **yes**
garfo **fork**	orelha **ear**	sol **sun**
gato **cat**	outono **autumn**	suco **juice**
girafa **giraffe**	outubro **october**	suéter **sweater**
guarda-sol **beach umbrella**	ovos **eggs**	sumário **content**
helicóptero **helicopter**	pai/papai **father/dad**	supermercado **supermarket**
hipopótamo **hippopotamus**	palavras **words**	surfista **surfer**
hora de brincar **time to play**	pão **bread**	tanque de areia **sandbox**
hora do banho **bath time**	papeis **papers**	tapete **rug**
iate **yacht**	parque **park**	tempestade **stormy**
inverno **winter**	pasta de dente **toothpaste**	tênis **tennis shoes**
irmã **sister**	patinho **rubber duck**	terça-feira **tuesday**
irmão **brother**	pato **duck**	tesoura **scissors**
janeiro **january**	peixe **fish**	tia **aunt**
janela **window**	pescoço **neck**	tigre **tiger**
cardigan **cardigan**	pêssegos **peaches**	tio **uncle**
julho **july**	pia **sink**	toalha **towel**
junho **june**	pijama **pajamas**	tomates **tomatoes**
lagoa **lake**	pimentões **peppers**	trem **train**
lápis de cor **colouring pencils**	por favor **please**	três **three**
laranja **orange**	porco **pig**	um **one**
laranjas **oranges**	praia **beach**	ursinho **teddy bear**
leão **lion**	prateleira de livros **bookshelf**	urso polar **polar bear**
leite **milk**	prato **plate**	útil **useful**
limões **lemons**	preto **black**	uvas **grapes**
língua **tongue**	primavera **spring**	vaca **cow**
macaco **monkey**	primo/prima **cousin**	vasilha **bowl**
maçãs **apples**	punho **wrist**	vaso sanitário **toilet**
mãe/mamãe **mother/mom**	quadro para desenho **table**	veículos **transport**
maio **may**	quarta-feira **wednesday**	veleiro **sailing boat**
manteiga **butter**	quatro **four**	ventania **windy**
mão **hand**	queijo **cheese**	verão **summer**
mar **sea**	queixo **chin**	verde **green**
março **march**	quinta-feira **thursday**	vermelho **red**
marrom **brown**	relógio **clock**	vestido **dress**
meias **socks**	repolho **cabbage**	zebra **zebra**
melancia **watermelon**	rosa **pink**	zoológico **zoo**
milho **corn**	roupas **clothes**	
mirtilos **blueberries**	roxo **purple**	
morango **strawberry**	sábado **saturday**	
não **no**	sabonete **soap**	
nariz **nose**	sacola de mercado **carrier bag**	
neta **granddaughter**	saia **skirt**	
neto **grandson**	sandálias **sandals**	
neve **snow**	segunda-feira **monday**	
noite **night**	seis **six**	
nove **nine**	sete **seven**	
novembro **november**	setembro **september**	
números **numbers**	sexta-feira **friday**	

goodbye
tchau